BEI GRIN MACHT SICH
WISSEN BEZAHLT

Bibliografische Information der Deutschen Nationalbibliothek:

Die Deutsche Bibliothek verzeichnet diese Publikation in der Deutschen National-
bibliografie; detaillierte bibliografische Daten sind im Internet über http://dnb.d-
nb.de/ abrufbar.

Impressum:

Copyright © 2007 GRIN Verlag, Open Publishing GmbH
Druck und Bindung: Books on Demand GmbH, Norderstedt Germany
ISBN: 9783640466443

Christoph Korzenek

Usability-Anforderungen für mobile Anwendungen

GRIN Verlag

GRIN - Your knowledge has value

Der GRIN Verlag publiziert seit 1998 wissenschaftliche Arbeiten von Studenten, Hochschullehrern und anderen Akademikern als eBook und gedrucktes Buch. Die Verlagswebsite www.grin.com ist die ideale Plattform zur Veröffentlichung von Hausarbeiten, Abschlussarbeiten, wissenschaftlichen Aufsätzen, Dissertationen und Fachbüchern.

Besuchen Sie uns im Internet:

http://www.grin.com/

http://www.facebook.com/grincom

http://www.twitter.com/grin_com

Universität Leipzig
Institut für Informatik
Lehrstuhl für Angewandte T

Seminararbeit „Mobile Software Engineering Patterns"

Usability-Anforderungen für mobile Anwendungen

Autor: Christoph Korzenek
Studiengang: Wirtschaftspädagogik II / NF Informatik (8. Fachsemester)

Betreuer: M.A. Bettina Biel

Inhaltsverzeichnis

Abbildungsverzeichnis

1 Einleitung

1.1 Motivation

Der deutsche Mobilfunkmarkt boomt seit Jahren in unbeschreiblichem Ausmaß. Derzeit sind weit über 74 Mio. Mobilfunkkunden in Deutschland zu verzeichnen [VD05]. Eine Marktdurchdringung von 86% und einen Gesamtumsatz von 22,1 Mrd. Euro gab es bundesweit bereits im Jahr 2004. Die Prognosen gehen davon aus, dass die Marktpenetration in 2007 auf 98% steigen und der Umsatz im Jahr 2008 ca. 30 Mrd. Euro betragen wird [Med06].

Begünstigt durch die rückläufige Anzahl von Festnetzanschlüssen in Deutschland, gibt es mittlerweile mehr Mobilfunkkunden als Festnetznutzer. Daher ist besonders das Mobiltelefon, nicht zuletzt durch seine immer reicher werdende Anzahl an Verwendungsmöglichkeiten, zu einem ständigen Begleiter unseres Alltags geworden. Aufgrund der daraus resultierenden hohen Zunahme von Nachfrage und Nutzung mobiler Endgeräte, wie bspw. Mobiltelefon, PDA (Personal Digital Assistant) oder Smartphone, hat in den letzten Jahren ebenfalls die Entwicklung von mobilen Anwendungen stark an Bedeutung gewonnen. Applikationen zur Nutzung des Internets, E-Mail-Funktionen, Navigationssysteme, digitale Fotografie, Kauf und Übertragung von Video- und Musikdateien oder elektronische Wörterbücher sind heutzutage keine Seltenheit in der Ausstattung von so genannten „mobile devices". Durch die universelle Einsetzbarkeit (zeitlich und räumlich) solcher Geräte ergeben sich automatisch diffizilere Anforderungen an die jeweiligen mobilen Anwendungen im Rahmen der Mensch-Maschine-Interaktion.

Ein besonderer und einflussreicher Aspekt, der bei der Erstellung von neuen Applikationen in dieser Hinsicht beachtet werden sollte, ist die Usability der Software. Der Begriff Usability ist gleichzusetzen mit dem Terminus der Benutzerfreundlichkeit bzw. der Gebrauchstauglichkeit eines Produktes. Oft entscheidet genau dieser Faktor über die Adoption (Annahme) und Akzeptanz (wiederholte Nutzung) einer neuen Innovation [Wri06; RG05]. Somit ist die Usability eines Produktes häufig eine ausschlaggebende Einflussgröße bezüglich Erfolg oder Misserfolg einer Software oder gar eines ganzen Gerätes. Um ein bestimmtes Produkt mit einem gewissen Grundmaß an Benutzerfreundlichkeit ausstatten zu können, ist es notwendig elementare Nutzeranforderungen zu kennen und umzusetzen. Der vorliegende Text beschäftigt sich mit der Usability von mobilen Applikationen.

1.2 Aufgabenstellung und Vorgehensweise

Ziel dieser Seminararbeit ist es, die für mobile Anwendungen wichtigen Usability-Anforderungen aus Nutzersicht zu identifizieren. Anhand von intensiver Literaturrecherche wurde sich mit dem Thema vertraut gemacht und soll wie folgt präsentiert werden.

Zu Beginn wird eine allgemeine Klärung und Beschreibung des Usability-Begriffs vorgenommen und die Vorteilhaftigkeit der Usability einer Anwendung jeweils für Nutzer und Hersteller dargelegt. Des Weiteren werden im ersten Kapitel die spezifischen Usability-Attribute genannt und beschrieben. Zudem wird eine genauere Erläuterung zum Mobilitätsbegriff und dem Sachverhalt mobiler Nutzer und Situationen vorgenommen. Anschließend folgt im zweiten Kapitel eine Auseinandersetzung mit den Einflussfaktoren auf mobile Interaktionen und den Problemen, die daraus bei der Nutzung von mobilen Anwendungen entstehen können. Die daraus resultierenden Kriterien für Usability-Anforderungen an mobile Applikationen aus Sicht der Benutzer sollen Grundlage für die Bewertung der im dritten Kapitel anschließenden Betrachtungen sein. Im Hauptteil dieser Seminararbeit (drittes Kapitel) werden die allgemein geltenden Usability-Anforderungen an eine Software präsentiert, jeweils auf den mobilen Sachverhalt bezogen und in Relevanzkategorien für mobile Anwendungen eingestuft. Am Ende dieser Seminararbeit folgt im Fazit eine Veranschaulichung der Ergebnisse.

2 Begriffsklärung – Usability & Mobilität

2.1 Was ist Usability?

Der Terminus Usability steht für die Benutzerfreundlichkeit oder auch Gebrauchstauglichkeit interaktiver Systeme, also Systeme, die über eine Benutzerschnittstelle verfügen und ebenso auf Aktionen des Benutzers reagieren (z.b. Software oder Webanwendungen) [UF1]. Die International Standards Organisation (ISO) hat im Rahmen der internationalen Norm „Ergonomische Anforderungen für Bürotätigkeiten an Bildschirmgeräten" (DIN EN ISO 9241) den Begriff Usability standardisiert. Im Teil 11 dieser Norm werden Anforderungen an die Gebrauchstauglichkeit festgehalten. Usability wird dabei wie folgt definiert: „Das Ausmaß, in dem ein Produkt durch bestimmte Benutzer in einem bestimmten Nutzungskontext genutzt werden kann, um bestimmte Ziele effektiv, effizient und mit Zufriedenheit zu erreichen." [DIN98]

Demnach wird Usability durch die drei Attribute *Effektivität, Effizienz* und *Zufriedenheit* definiert. Beim Studium der entsprechenden Fachliteratur wird häufig das Kriterium der *Erlernbarkeit* als ein viertes grundlegendes Attribut genannt [FVG03] und soll in dieser Arbeit auch als ein solches angesehen werden. Um die Einhaltung der genannten Kriterien und somit die Usability eines Produktes gewährleisten zu können, ist es wichtig und notwendig, diese Attribute stets im Zusammenhang mit den Erfordernissen des jeweiligen Nutzungskontextes der Software zu betrachten. Hierbei handelt es sich um die Interdependenz zwischen dem Benutzer, der zu erledigenden Arbeitsaufgabe, dem verwendeten Arbeitsmittel (Hard- und Software) und der physischen und sozialen Umgebung, in der das Produkt genutzt wird. [DIN98, HH03]

2.2 Usability-Attribute

Ein interaktives System ist, wie bereits erwähnt, erst dann benutzerfreundlich, wenn es die vier Usability-Attribute für einen bestimmten Nutzungskontext erfüllt. Dabei sollte nicht vorausgesetzt werden, dass der Nutzer über Vorkenntnisse bzgl. der zu erledigenden Aufgabe verfügt. Die o.g. charakteristischen Eigenschaften von Usability (Usability-Attribute) können in präzisierter Form auch als ein Maß für die Benutzerfreundlichkeit einer Software angesehen und für die Messung von Usability verwendet werden.

Das Kriterium *Effektivität* beschreibt, ob der Benutzer die vorgesehenen Aufgaben mit der Software erledigen kann und dabei die erforderlichen Ziele und Ergebnisse in „Genauigkeit und Vollständigkeit" [DIN98] erreicht. Funktionale Fehler der Software sowie Programmabstürze sollten demnach unbedingt vermieden werden. Weiterhin sollte die Erledigung der Aufgabe durch die Software erleichtert und unterstützt werden.

Das Attribut *Effizienz* bezieht sich auf eine ökonomischere Handhabung bzw. Bedienbarkeit der Benutzerschnittstelle oder des gesamten Systems. Hierbei soll der „im Verhältnis zur Genauigkeit und Vollständigkeit eingesetzte Aufwand" von Ressourcen (z.B. zeitlicher oder monetärer Natur) für die Erreichung eines bestimmten Zieles so gering wie möglich gehalten werden [DIN98]. Die Funktionalität einzelner Prozesse und Aktionen kann dadurch erhöht werden.

Das Kriterium *Zufriedenstellung* umfasst im Allgemeinen die „Freiheit von Beeinträchtigungen und [eine] positive Einstellung" [DIN98] des Nutzers gegenüber der betreffenden Anwendung. In Zusammenhang mit dem Wohlbefinden des Users während der Nutzung wird oft der Begriff „Joy of Use" verwendet. Damit wird die wahrgenommene „Nutzungsfreude" des Benutzers definiert. Die zentrale Fragestellung dabei ist: Wie gern und motiviert arbeitet der Anwender mit der Software?

Das Usability-Kriterium der *Erlernbarkeit bzw. Lernförderlichkeit* ist dann erfüllt, wenn der Anwender (besonders als Novize) beim Erlernen der Softwarenutzung durch die Applikation selbst unterstützt wird. Die Anwendung muss demnach über Funktionen und Elemente verfügen, die einen schnellen Lernprozess fördern. Zum Beispiel sollten Guided Tours, FAQs (Frequently Asked Questions) oder Tutorials für Anfänger bereitgestellt werden.

2.3 Usability stiftet Nutzen

Nachdem der Begriff Usability und dessen Attribute genannt und erläutert wurden, soll in diesem Abschnitt der Nutzen bzw. die Vorteile von Usability beschrieben werden.

Generell ist in diesem Zusammenhang festzuhalten, dass durch eine Steigerung der Gebrauchstauglichkeit einer Benutzerschnittstelle die Mensch-Maschine-Interaktion qualitativ stark verbessert wird. Die Zweckmäßigkeit von Usability wirkt sich einerseits auf den Nutzer (als Arbeitnehmer bzw. Privatperson) und andererseits auf das Unternehmen aus (als Arbeitgeber bzw. als Softwareanbieter). Worin jeweils die Vorteile von Usability liegen, wird im Folgenden erklärt.

Die Bedienbarkeit der Software sowie das Einarbeiten in das jeweilige Produkt werden durch die Realisierung von Usability für den Anwender bedeutend erleichtert. Der Nutzer kann somit seine Aufgaben schnell, korrekt und in vollem Umfang erledigen, d.h. er verringert seinen Zeit- und Arbeitsaufwand [HV03]. Durch die einhergehende Zufriedenheit, den verringerten Stress und erhöhte Freude bei der Nutzung der Software („Joy of Use") wird zusätzlich die Motivation des Nutzers erhöht.

Durch die beschriebenen Vorteile, die der Nutzer als Arbeitnehmer durch eine erhöhte Usability von Anwendungen erlangen kann, ist es möglich in einem Unternehmen eine erhöhte *Effektivität* und *Effizienz* in der Bewältigung der Arbeitslast zu erzielen. So können neue Ressourcen für anderweitige Aufgaben geschaffen werden. Indirekt bewirkt Usability also eine Kostenreduzierung im Sinne von Zeitersparnis, Fehlerreduktion und effizienterem Einsatz von Mitarbeitern [UF2, HV03].

Wie bereits in der Einleitung erwähnt, ist die einfache Handhabung von Applikationen von ausschlaggebender Bedeutung für Nutzer bzw. Kunden [Wri06, Anhang 2]. Ein Softwareunternehmen, welches bei der Entwicklung von Applikationen Wert auf eine hohe Usability des Endproduktes legt, kann demnach einen positiven Einfluss auf die Umsatzzahlen der produzierten Software nehmen. Ein weiterer Vorteil für Anbieter von Software mit hoher Gebrauchstauglichkeit ist die Senkung der eigenen Kosten. Durch nachträgliche Projektentwicklungskosten (Korrekturen usw.) oder Supportleistungen entstehen Softwareanbietern oft unnötige finanzielle Belastungen. Folglich kann eine frühzeitig benutzerzentrierte Produktentwicklung durch geringeren Support- und Wartungsaufwand entscheidend zu einer Kostenreduzierung beitragen [UF2; HV03].

2.4 Mobilität

Im Rahmen der hier behandelten Thematik von mobilen Anwendungen, mobilen Endgeräten, sowie mobiler Interaktion soll an dieser Stelle der Terminus Mobilität (bzw. „mobil") für die weitere Verwendung dieser Begrifflichkeiten näher erläutert werden. Der Sachverhalt der Mobilität ist unter differenzierten Gesichtspunkten zu betrachten. Dabei kann man hauptsächlich zwischen Benutzer- und Gerätemobilität unterscheiden [BG05].

Der Mobilitätsbegriff als solches wird im vorliegenden Text stets mit dem Vorgang der Interaktion zwischen Nutzer und Anwendung verbunden. Das Kriterium der Benutzermobilität bringt demnach die Orts- und Bewegungsfreiheit des Users während der aktiven Arbeit mit dem Gerät bzw. Dienst zum Ausdruck [BG05]. Dabei lassen sich vier verschiedene Grade der Benutzermobilität unterscheiden [BG05]:

- *Lokal:* Der Benutzer kann während der Interaktion „den Dienst nur am Ort der Dienstbereitstellung nutzen". [BG05]
- *Verteilt:* Der Benutzer kann während der Interaktion „den Dienst von einem entfernten Ort aus nutzen". [BG05]
- *Mobil:* Der Benutzer kann während der Interaktion „den Dienst von verschiedenen entfernten Orten aus nutzen". [BG05]
- *In Bewegung:* Der Benutzer kann während der Interaktion und Nutzung des Dienstes den entfernten Ort wechseln. [BG05]

In den weiteren Ausführungen wird unter einem mobilen Benutzer ein Anwender verstanden, dem idealerweise der Grad „In Bewegung" mindestens aber der Grad „mobil" zugeordnet werden kann.

Die Mobilität eines Gerätes, welches zur Interaktion zwischen dem Nutzer und der Anwendung dient, kann wie folgt definiert werden: Ein mobiles Gerät besitzt die

„Fähigkeit, sich leicht zwischen den Abdeckungsgebieten der Zugangspunkte eines Netzwerks [WLAN-Hot-Spots etc.] zu bewegen bzw. bewegt zu werden." [BG05]. Das Mobilitätskriterium für Geräte setzt demnach eine Konnektivität des Gerätes zu einem Netzwerk voraus.

Zusammenfassend ist in Folge der hier aufgeführten Klassifikationen festzuhalten, dass ein Endgerät, ein Nutzer, eine Interaktion oder eine Anwendung erst dann als „mobil" angesehen wird, wenn während der Interaktion mit einer Applikation das Gerät und der Nutzer beliebig den Standort wechseln können. Das bedeutet, dass eine aktive Nutzung einer Anwendung während der Bewegung des Nutzers möglich ist. Ebenso impliziert dies eine drahtlose Konnektivität des Endgerätes zu einem Netzwerk [GM03].

3 Probleme bei der Nutzung mobiler Anwendungen

Nicht immer ist die Nutzung von mobilen Anwendungen auf mobilen Endgeräten problemlos durchzuführen. Um die Ursachen für mögliche Probleme beurteilen zu können, muss man die wesentlichen Aspekte der Mensch-Maschine-Kommunikation detaillierter betrachten. In diesem Kapitel sollen die verschiedenen Einflüsse auf die Nutzung von mobilen Applikationen erläutert und die daraus resultierenden Probleme beschrieben werden. Anschließend werden die Nutzeranforderungen an die Usability von mobilen Applikationen abgeleitet.

3.1 Ubiquitous Usability Model

Das Ubiquitous Usability Model nach Hassanein und Head [HH03] stellt verschiedene Einflussfaktoren vor, welche sich auf die Interaktion selbst und somit ebenfalls auf die Usability von mobilen Anwendungen auswirken (Abbildung 1). Diese im Folgenden dargestellten Einflussfaktoren sind der *Nutzer*, die *Umwelt*, das *Interface* und die (zu erledigende) *Aufgabe* [HH03].

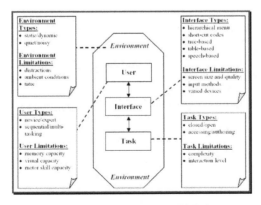

Abbildung 1: Ubiquitous Usability Model [HH03]

Anhand der Beurteilung des Vorwissens bezüglich einer Thematik kann man im Wesentlichen zwei Arten von *Nutzern* unterscheiden [HH03]. Novizen sind Neulinge und besitzen nur sehr geringes Vorwissen bezüglich der Thematik (Aufgabenbereich, Handhabung des Systems oder des Gerätes etc.). Ein Experte verfügt dagegen über umfangreiches Vor- und Hintergrundwissen in Bezug auf das Thema. Er kann dabei nicht nur auf explizites Wissen (Faktenwissen), sondern auch auf implizites Wissen (Erfahrungswissen) zurückgreifen [MH04]. So kann er neue, themenverwandte Aufgabengebiete einfacher erschließen und die an ihn gestellten Anforderungen schneller bewältigen [HH03]. Bei der Bewältigung von komplexen Aufgaben (in mobilen Situationen) stößt der Anwender oft an die Grenzen seiner Fähigkeiten, u.a. die Grenzen visueller Kapazität, motorischer Fähigkeiten und der Gedächtniskapazität [HH03]. Die genaueren Auswirkungen dieser begrenzten Fähigkeiten werden in Abschnitt 3.2 beschrieben.

Die durch die *Umwelt* verursachten Einflüsse auf die Interaktion mit mobilen Anwendungen sind ein bedeutender Faktor im Ubiquitous Usability Model. Durch ständig wechselnde Umgebungen (von statisch zu dynamisch, von leise zu laut) und andere externe Einflüsse (Gespräche etc.), wird der Nutzer während der Interaktion oft abgelenkt und irritiert. Zusätzlich ist der User in mobilen Interaktionen einem starken Zeitdruck ausgesetzt [HH03].

Die Gestaltung des *User Interfaces* (z.B. Strukturierung der Menüführung, visuelle oder auditive Steuerung) und die Eigenschaften des genutzten Endgerätes (z.B. Eingabemechanismen, Größe und Qualität des Bildschirms) haben ebenfalls Einfluss auf die mobile Mensch-Maschine-Kommunikation [HH03].

Ergänzend dazu beeinflussen die Eigenschaften und die Gestaltung der zu erledigenden *Aufgaben* die Interaktion mit mobilen Applikationen. Hierbei sind bspw. die Komplexität oder das Interaktionslevel einer Aufgabe von Bedeutung [HH03].

3.2 Benutzerspezifische Probleme und Mobilitätsaspekte

Nicht selten entstehen durch die im vorherigen Abschnitt aufgeführten Einflussfaktoren Probleme bei der Nutzung mobiler Anwendungen. Die Wesensmerkmale des Nutzers spielen dabei eine bedeutungsvolle Rolle. Die Interaktion zwischen dem User und dem mobilen Endgerät findet in den unterschiedlichsten Umgebungen statt, welche die verschiedenen Kanäle der Wahrnehmung und die Interaktion selbst stark beeinflussen. Wenn ein Nutzer mit einem Gerät interagiert, geschieht dies auf visuellem (Texte, Bilder), akustischem (Sprache, Klänge) oder taktilem (Berührung, Bewegung) Weg [Dah06]. Dieser komplexe Prozess der Wahrnehmung von Informationen und das simultane Agieren mit dem Gerät stellen sowohl motorisch als auch kognitiv hohe Anforderungen an den Benutzer.

Besonders das sensorische Kurzzeitgedächtnis wird in Bezug auf die kognitive Ebene stark beansprucht. Beispielsweise durch eine schnelle Abfolge von Bildern auf dem Bildschirm (mit Ton) oder ständig wechselnde Umwelteinflüsse, wie sich verändernde Geräuschkulissen oder Lichtverhältnisse [HH03], kann es zu einer Überbelastung des visuellen und auditiven Sinneskanals kommen. Das Eintreten eines kognitiven Overloads würde sich direkt und negativ auf die kognitive Leistungsfähigkeit des Nutzers auswirken. Zusätzlich erschwerend wirkt der Mobilitätsaspekt, das Interagieren mit dem mobilen Endgerät während der Bewegung.

Die Aufmerksamkeit bzw. Konzentration des Nutzers wird durch den Ort, andere Personen, Objekte und Elemente der Umwelt beeinflusst [HH03, Hau05]. Demnach ist der User bei der mobilen Interaktion mit dem „mobile device" automatisch dazu gezwungen, seine Aufmerksamkeit simultan auf viele verschiedene Dinge zu richten. „Ein alltägliches Beispiel sind Fußgänger, die stoppen müssen, um eine SMS zu schreiben. Schon das Schreiben einer SMS [Short Message Service] an sich verlangt ein recht hohes Maß an Aufmerksamkeit. In dieser Situation muss die Person aber gleichzeitig dafür sorgen, dass sie weiterhin in die richtige Richtung geht, nicht mit anderen Menschen zusammenstößt, nicht von Autos überfahren wird und vieles mehr." [Hau05] Die Tatsache der Aufmerksamkeitsverteilung impliziert, dass ein Benutzer nicht die gleiche Konzentration bei der Bedienung eines mobilen Gerätes aufbringen kann, wie er es bspw. von der Bedienung seines PCs am Arbeitsplatz gewohnt ist [HH03]. Der Nutzer muss demnach mehr kognitive Leistung dadurch aufbringen, indem er automatisierte Abläufe bei der Handhabung von Anwendungen am PC neu überdenken und in veränderter Weise durchführen muss.

Zu motorischen Schwierigkeiten kann es dann kommen, wenn bspw. die Eingabevorrichtung oder andere Tasten zur Bedienung des Gerätes aufgrund der immer kleiner werdenden Geräte zu diffizil oder schlicht zu klein für die vorhandenen motorischen Fähigkeiten des Nutzers sind [HH03]. Die Anpassung, Gewöhnung und das Erlernen dieser motorischen Fähigkeiten benötigt mehr Konzentration während der aktiven Nutzung des Gerätes und stellt somit wiederum eine zu bewältigende kognitive Mehrleistung dar.

3.3 Technisch bedingte Probleme

Die Grenzen, die durch die technischen Gegebenheiten des jeweiligen Geräts auftreten, sind ebenso ein bedeutsamer Einfluss auf die allgemeine Handhabung eines Gerätes. Bei der Benutzung von mobilen Anwendungen mit „mobile devices" muss man verschiedene Arten von technischbedingten Problemstellungen unterscheiden: Ressourcen-, Konnektivitäts-, Interface- und Sicherheitsprobleme. In den vier anschließenden Absätzen werden diese erläutert.

Ein grundlegendes Unterscheidungsmerkmal von mobilen Systemen im Vergleich zu anderen Systemen ist die „geringe Ausstattung mit Ressourcen verschiedener Art" [MW02]. Aufgrund der Forderung nach ständiger Einsetzbarkeit und Mitnahme im alltäglichen Leben werden Größe und Gewicht von mobilen Endgeräten immer mehr verringert. Das, was jedoch an Handlichkeit und Portabilität gewonnen wird, geht gleichzeitig an Darstellungs- und Eingabemöglichkeiten von Informationen verloren. Die Größe des Displays und eine ohnehin schon miniaturisierte Tastatur unterliegen immer stärkeren räumlichen Einschränkungen, was demnach auch immer kleinere Schriftarten, höhere Anforderungen an motorischen Fähigkeiten oder visuellen Overload zur Folge haben kann. Die Ressourcen von Rechenleistung, Speichergröße oder Energieversorgung sind bei mobilen Endgeräten ebenfalls deutlich geringer als bei herkömmlichen Rechnern.

Die Kommunikationsbedingungen bei mobilen Endgeräten sind oft sehr wechselhaft und daher als unstetig einzustufen. Fehlende Konnektivität zum Funknetz bzw. lückenhafte Netzabdeckung sorgen bei Nutzern von Mobiltelefonen oft für Unzufriedenheit. Des Weiteren sind die Datenübertragungsraten vergleichsweise gering und besonders für große Datenmengen als problematisch anzusehen [MW02]. Die Konnektivitätsmöglichkeiten von mobilen Geräten zu diversen Hardwarekomponenten sind ebenfalls noch entwicklungsfähig.

Die Qualität der Benutzerschnittstellen von mobilen Geräten ist ebenso zu verbessern. Durch die geringe Größe der Displays lässt sich nur schwer eine zufriedenstellende Darstellung ermöglichen. Die Displays verfügen in der Regel nur über „eine geringere Auflösung [...] und weisen nur in seltenen Fällen horizontale bzw. vertikale Größenverhältnisse auf, die denen von herkömmlichen Computersystemen entsprechen würden." [MW02]

Das Sicherheitsrisiko bei mobilen Geräten ist aufgrund mehrerer Aspekte als sehr hoch anzusehen. Das Endgerät ist physisch als nicht sicher einzuschätzen (Diebstahl, durch äußere Einflüsse verursachte Defekte etc.). Die im Gerät gespeicherten Daten unterliegen ebenfalls einem hohen Sicherheitsrisiko [Tur06]. Durch die drahtlose Datenübertragung von „mobile devices" ist es für eventuelle Angreifer leicht möglich Daten abzufangen oder zu manipulieren.

3.4 Besonders wichtige Anforderungen an mobile Anwendungen aus Nutzersicht

Aufgrund der vorher beschriebenen Probleme, die bei der Nutzung von mobilen Geräten und Anwendungen auftreten können, und der erwähnten Mobilitätsaspekte, ergeben sich spezielle Anforderungen an die Usability mobiler Anwendungen aus der Sicht des Anwenders. Für die weiterführende Erforschung dieses Themas ist zwar eine detaillierte Auswahl und Bestimmung von relevanten Kriterien möglich, bedarf aber einer genaueren empirischen Evaluation. In der vorliegenden Seminararbeit soll dennoch eine erste Benennung von besonders wichtigen Kriterien, welche sich aus den vorher beschriebenen Abschnitten ableiten lassen, stattfinden. Diese sind: *Navigation, Reaktionszeit, Robustheit* und *Kurze Wege*. In den folgenden Abschnitten werden diese näher erläutert, wobei jedoch der Reihenfolge der Kriterien keinerlei Bedeutung beigemessen wird.

3.4.1 Navigation

Wie im Ubiquitous Usability Model beschrieben, nehmen Umwelt und Gestaltung des User Interfaces einen starken Einfluss auf die mobile Interaktion zwischen User und Endgerät. Aufgrund des hohen Zeitdrucks auf den Nutzer muss die *Navigation* des benutzten Gerätes so eingerichtet sein, dass der User so schnell und fehlerfrei wie möglich an sein gewünschtes Ziel gelangen kann. Dabei sollten mehrere Aspekte Beachtung finden. Ist die Oberfläche der Anwendung übersichtlich gestaltet? Ist die Funktionsweise und Bedienung leicht verständlich? Wird dem User bei Bedienungsproblemen geholfen? In wie weit wäre eine Personalisierung von Anwendungen oder gar Geräten sinnvoll? Grundsätzlich zielt die Frage der *Navigationsgestaltung* also auf die Existenz einer einfach verständlichen, leicht handhabbaren und zeitsparenden Dialoggestaltung einer Applikation ab.

3.4.2 Reaktionszeit (Response Time)

Die *Reaktionszeit* einer Anwendung ist gerade in mobilen (bzw. bei „In Bewegung"-) Situationen sehr wichtig für den Benutzer. Wie lang dauert es bis der Nutzer ein Feedback erhält? Wie groß ist die zeitliche Differenz zwischen Eingabe eines Befehls und der tatsächlichen Ausführung durch die Applikation? Ist die *Antwortzeit* einer mobilen Applikation zu hoch, kommt es durch wechselnde Umwelteinflüsse sehr rasch zu einer Abnahme von Konzentration und Aufmerksamkeit auf Seiten des Users. Für die Interaktion in dynamischen Umgebungen wäre dies von Nachteil. Zum einen entsteht für den Anwender ein konkreter Zeitverlust und zum anderen wird er zusätzlich zur Fehlerverursachung verleitet, da bei einem scheinbaren Nichtfunktionieren des Systems der Nutzer oft versucht Prozesse abzubrechen oder Funktionen wiederholt zu starten. Insgesamt führen diese Aspekte zu einer schlechteren Zielerreichung. Aus Sicht des mobilen Anwenders ist daher das Kriterium der *Reaktionszeit* (schnelle Antwortzeiten, Feedbackfunktionen) sehr einflussreich für die Usability von mobilen Anwendungen.

3.4.3 Robustheit

Wie im vorherigen Abschnitt beschrieben, kann es gerade in mobilen Situationen schnell zu einer Fehlerverursachung durch den Nutzer kommen. Oft geschieht dies auch aufgrund der oben genannten Einflussfaktoren Umwelt, User Interface und der zu erledigenden Aufgabe. Die Fehlertoleranz und das Fehlermanagement eines Systems (z.b. bei Abbruch von Aktionen oder falscher Eingabe von Parametern) sind aus diesem Grund von großer Wichtigkeit für den mobilen Nutzer. Des Weiteren ist aus Nutzersicht eine dauerhafte Konnektivität zum Netz (Verfügbarkeit von Diensten) und die Gewährleistung von Sicherheit bezüglich gespeicherter Daten und während des Datentransfers von Bedeutung. All diese Aspekte lassen sich unter dem Kriterium der *Robustheit* zusammenfassen.

3.4.4 Kurze Wege

Um dem gegebenen Zeitdruck und dem Entstehen von kognitivem Overload (siehe 3.2) in mobilen Situationen entgegen zu wirken, ist für die Zielerreichung das Bereitstellen und Anbieten von *kurzen Wegen* von Vorteil. Auf diese Weise ist es dem Anwender möglich bei der Interaktion schnellstmöglich und bequem an sein gewünschtes Ziel zu gelangen. Das Verfügbarmachen *kurzer Wege* kann sich zum einen in der Ausgestaltung der Menüführung niederschlagen oder aber durch das Anbieten von Auswahlmöglichkeiten zum weiteren Vorgehen. Optionen zum wiederholten Aufruf von zuletzt genutzten Funktionen sind ebenso eine Form des Bereitstellens *kurzer Wege*.

4 Umsetzung der Usability-Anforderungen für mobile Anwendungen

In den vorangegangenen Kapiteln wurden der Begriff Usability und dessen Attribute erläutert, Probleme bei der Nutzung von mobilen Geräten bzw. Anwendungen dargestellt und besondere Nutzeranforderungen in mobilen Kontexten konkretisiert. In diesem Kapitel soll geprüft werden, wie die Anforderungen aus Nutzersicht in der Softwarearchitektur mobiler Anwendungen umgesetzt werden können. Ausgangspunkt dafür sind so genannte „usability properties" (Usability-Anforderungen) [FVG03]. Sie bringen Heuristiken und Designprinzipien zum Ausdruck, welche direkten Einfluss auf die Usability eines Systems haben, und gelten somit als ein Hilfsmittel zur Gestaltung einer Softwarearchitektur [FVG03]. Diese allgemeinen

Usability-Anforderungen nach Folmer, van Gurp und Bosch [FVG03] werden in den folgenden Unterkapiteln erläutert. Weiter soll dabei eine Realisierung der Usability-Attribute, unter Berücksichtigung der im Abschnitt 3.4 genannten Kriterien, untersucht und die Wichtigkeit der jeweiligen Anforderungen an die Softwarestruktur mobiler Applikationen erschlossen werden. Als Abschluss soll die Relevanz der jeweiligen Usability-Anforderungen für mobile Anwendungen festgelegt werden. Dies geschieht anhand der folgenden drei Kategorien:

Primäre Relevanz: Die Anforderungen, die über eine hohe Relevanz für mobile Applikationen verfügen, sind sehr zum Vorteil für die Usability von mobiler Software. Darüber hinaus besteht eine direkte Notwendigkeit der Realisierung dieser Anforderungen, um eine grundlegende Interaktion mit einer mobilen Anwendung zu garantieren. Im vorliegenden Text wird unter einer „grundlegenden Interaktion mit einer mobilen Anwendung" verstanden, dass der User erstens über ein gut funktionierendes System verfügt, es ihm zweitens in mobilen Situationen grundsätzlich möglich ist, die Anwendung ohne großen Zeitaufwand seinen Wünschen entsprechend zu bedienen und er drittens stets über die Basisfunktionen der Software verfügen kann.

Sekundäre Relevanz: Die Usability-Anforderungen der mittleren Relevanz erleichtern die grundlegende Interaktion mit einer mobilen Applikation in erheblichem Maße für jede Art von Nutzer. Sie sind daher für den Anwender von beachtlichem Vorteil, jedoch – im Gegensatz zu den primär relevanten Anforderungen – nicht zwingend notwendig, um eine grundlegende Interaktion zu gewährleisten.

Tertiäre Relevanz: Anforderungen geringer Relevanz unterliegen zu starken Abhängigkeiten und sind daher nur bei bestimmten Nutzergruppen von Vorteil.

4.1 Providing Feedback / Response Time

Für den Anwender ist es wichtig, zu jedem Zeitpunkt des Ablaufprozesses einer Applikation über den momentanen „Stand der Dinge" Bescheid zu wissen. Ein System oder eine Software sollte daher zu jedem möglichen und angebrachten Moment Rückmeldung (Feedback) darüber geben, was die Anwendung gerade tut [FVG03]. In diesem Zusammenhang ist die Reaktions- bzw. Antwortzeit (Response Time) von Systemen eine wichtige Komponente. Hierzu sind nach [Nie94] allgemein drei Stufen (Grenzen) von Reaktionszeit zu unterscheiden:

(1) *0,1 Sekunden:* Bei dieser Antwortzeit hat der Nutzer den Eindruck einer unverzögerten Reaktion des Systems.

(2) *1 Sekunde:* Der Nutzer bemerkt zwar eine verzögerte Reaktion, wird aber in seinem Arbeitsfluss nicht unterbrochen bzw. behindert.

(3) *10 Sekunden:* Diese Reaktionszeit ist die maximale Grenze, bis zu der der Anwender seine Aufmerksamkeit auf das System richtet. Danach beschäftigt er sich bereits mit anderweitigen Aufgaben.

Infolgedessen sollte bei längeren Verzögerungen die noch verbleibende Zeit dem User angezeigt werden. Es ist also ratsam, den Prozessfortschritt bei einer Wartezeit von über 10 Sek. visuell darzustellen und die verbleibende Zeit abgeschätzt anzugeben [Nie94]. Als Beispiel für „Providing Feedback" kann man die Statusanzeige eines Downloadvorgangs ansehen.

Darüber hinaus sollte bei der Gestaltung der Antwortzeit ein weiterer Punkt Beachtung finden. Zwar gilt generell, die Reaktionszeit so kurz wie möglich zu halten, jedoch darf die Reaktion des Systems nicht zu schnell für den User sein. Beispielsweise die fortlaufende Anzeige von Bildern oder das Scrollen einer Seite sollte in Echtzeit angepasst sein, so dass der Nutzer dem Ablauf normal folgen kann [Nie94].

Bei der Realisierung von „Feedback" kann die *Effizienz* der Arbeit mit der Software gesteigert werden. Wenn sich ein Nutzer in einer mobilen Situation befindet, ist es absolut notwendig, dass er zu jedem Zeitpunkt der Interaktion weiß, was das System tut. Nur so ist es ihm möglich, weitere Handlungen in einem kurzen Zeitraum zu planen. Durch „Providing Feedback" ist der User in der Lage seine Ressourcen besser einzuteilen. Besonders in mobilen Situationen ist die Ressource „Zeit" sehr knapp und für den Nutzer von Vorteil, wenn er Wartezeiten sinnvoll nutzen kann. Oft passiert es, dass mobile Nutzer während der Bewegung Funktionen versehentlich starten. Durch „Feedback" besitzt der User die Möglichkeit (rechtzeitig und zeitsparend) zu intervenieren und eventuelle Korrekturen bzw. einen Abbruch des Vorgangs vorzunehmen [FVG03]. Das Usability-Attribut *Erlernbarkeit* kann durch das Gewährleisten von „Feedback"-Funktionen ebenso unterstützt werden. Wenn die Software bei diversen Aktionen Rückmeldung darüber gibt, was gerade passiert, kann der Anwender die Prozesse und Funktionen einer Software besser verstehen und somit ebenfalls eine korrekte und effiziente Bedienung schneller erlernen [FVG03].

Durch die Besonderheiten von mobilen Situationen (wechselnde Umwelteinflüsse, geringe Konzentration, Zeitmangel usw.) sind die oben genannten Grenzen der *Reaktionszeit* nicht 1:1 auf mobile Geräte bzw. mobile Anwendungen zu übertragen. Hier muss besonders die Grenze (3), bei der der Nutzer die Aufmerksamkeit bzw. Konzentration für die Anwendung verliert, deutlich reduziert werden. Für mobile Situationen liegt die ununterbrochene Aufmerksamkeit des Nutzers auf das Gerät während der (problemlosen) Interaktion bei circa 4-8 Sekunden (Abbildung 2) [Oul05]. Der Fall des Wartens auf die Reaktion von Funktionen ist dabei jedoch noch nicht berücksichtigt worden.

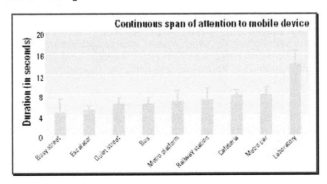

Abbildung 2: Continuous span of attention to mobile device [Oul05]

Christoph Korzenek

Folglich ist das Bereitstellen von „Feedback"-Funktionen und eine angemessene Performance der Reaktionszeit bei mobilen Anwendungen als unentbehrlich anzusehen und besitzt eine *primäre Relevanz* für die Software-Architektur.

4.2 Error Management

Bei der Nutzung von Applikationen gibt es eine Vielzahl von möglichen Fehlerquellen, die durch den Benutzer selbst verursacht werden können. Das System sollte in der Lage sein, solche Fehler leicht und unkompliziert handhaben zu können. Eine Verwendungsmöglichkeit des „Error Managements" ist es, die Entstehung von prinzipiell möglichen Fehlern von vornherein zu vermeiden [FVG03]. Wenn das System bei eventuellen Fehlerquellen den Nutzer unterstützt, indem es Tipps oder Auswahlmöglichkeiten zum weiteren Vorgehen bietet, wird das Auftreten von Fehlern stark begrenzt oder gar gänzlich umgangen. Eine weitere Art des Fehlermanagements ist das Korrigieren von bereits begangenen Fehlern. Hier muss die Anwendung einen passenden Korrekturmechanismus für das jeweilige Problem bereitstellen [FVG03]. Dieser muss jedoch für den User leicht verständlich und ausführbar sein, um nicht weitere Fehler durch den Anwender zu provozieren.

Das Fehlermanagement kann bei der Umsetzung zweier Attribute von Benutzerfreundlichkeit unterstützend mitwirken. Bei einer Verringerung oder gar Vermeidung von Fehlern kann zum einen die *Effektivität* und zum anderen die *Effizienz* einer Applikation verbessert werden [FVG03]. Durch das verminderte Auftreten von Fehlern kommt der Anwender schnell und korrekt an das von ihm angestrebte Ziel. Dies begünstigt besonders die Arbeit in mobilen Situationen.

Durch ständig wechselnde Umgebungen kann es bei der Bedienung eines mobilen Gerätes bzw. Anwendung zu einer erhöhten Fehlerquote, verursacht durch den Anwender selbst, kommen. Die Bereitstellung eines gut funktionierenden „Error Managements" ist daher sehr wichtig. Das Fehlermanagement trägt in erster Linie zur Erfüllung die Nutzeranforderung nach *„Robustheit"* einer Anwendung bei. So wird sichergestellt, dass ein Nutzer auch trotz des Verursachens von Fehlern keine Daten verliert und es zu keinem Systemabsturz kommt. Besonders in mobilen Situationen ist es wichtig, dass der Zugriff sowohl auf lokale als auch auf entfernte Daten ohne Zeitverzögerung stattfindet. Das präventive Vermeiden von möglichen Fehlern bewahrt den mobilen Anwender vor einem unnötigen Zeitverlust und unterstützt ihn zudem bei einer reibungslosen *Navigation* des Systems. Durch das Bereitstellen von Auswahlmöglichkeiten für das weitere Vorgehen vor und nach dem (möglichen) Auftreten eines Fehlers, wird besonders dem mobilen User geholfen. So kann dieser das System einwandfrei und ohne Probleme fortführen und navigieren. Ein kognitiver und zeitlicher Mehraufwand wird auf diese Weise ebenfalls umgangen.

Ohne ein gut funktionierendes „Error Management" ist keine kontinuierliche Arbeit mit mobilen Anwendungen möglich. Aufgrund dieser Notwendigkeit für die grundlegende Interaktion wird dem Fehlermanagement eine *primäre Relevanz* für mobile Anwendungen zugeordnet.

4.3 Consistency

Nach dem Konsistenz-Prinzip müssen Aufbau und Funktionen von Anwendungen widerspruchsfrei sein. Der Nutzer sollte nicht durch eine unklare oder falsch zu verstehende Gestaltung der Applikation unnötig irritiert oder gar zu Fehlern verleitet werden. Viel besser ist eine einheitliche und logisch zusammenhängende Gestaltung der Software, sowohl visuell als auch funktional. *Visuelle Konsistenz* äußert sich darin, dass das Erscheinungsbild der Benutzeroberfläche in sich stimmig ist und die Struktur der Benutzerschnittstelle für den Benutzer klar erkenntlich und verständlich präsentiert wird [FVG03]. Der Ansatz der *funktionalen Konsistenz* beinhaltet eine einheitliche Bereitstellung und Darstellung von verschiedenen Funktionen im gesamten System [FVG03]. Darüber hinaus sollte eine Vergleichbarkeit der Funktionen zu ähnlichen Applikationen oder Systemen erkennbar sein. Ebenso von Vorteil ist es, wenn die Strukturgestaltung des User Interfaces von Anwendungen einer Produktfamilie über sämtliche Produkte hinweg Kontinuität und einen gewissen Wiedererkennungswert aufweist (*evolutionäre Konsistenz*) [FVG03].

Aufgrund der Verwendung von bekannten und konsistenten Konzepten, Funktionen oder auch Symbolen steigert eine Software ihre *Lernförderlichkeit*. Da der Nutzer bereits mit ähnlichen oder gar identischen Funktionen Erfahrungen sammeln konnte, kann er auf diesbezügliche Vorwissen zurückgreifen und schneller in einen neuen Kontext übertragen. Folglich sollte man die Gestaltung einer Anwendung (nach Möglichkeit) dem Vorwissen des Users anpassen und ihm somit das Einarbeiten in die Software erleichtern [FVG03]. Weiterhin unterstützt die visuelle Konsistenz einer Applikation die wahrgenommene Stabilität der Software. Der Nutzer wird nicht unnötig verwirrt und kann somit die Anwendung sicherer und zielgerichteter in neuen Kontexten bedienen [FVG03]. Die Forderung nach *Effektivität* einer Anwendung kann durch die Umsetzung von Konsistenz demnach ebenso realisiert werden.

Ein mobiler Benutzer unterliegt vielen Umwelteinflüssen, welche die Konzentration bei der Bedienung einer Anwendung verringern können. Aufgrund der damit verbunden Ablenkung und Aufmerksamkeitsverteilung sollte eine mobile Anwendung demzufolge jegliche Verwirrung des Nutzers durch das Programm selbst vermeiden. Durch die beschriebenen Vorteile von „Consistency" wird die Nutzerforderung nach einer unkomplizierten *Navigation* in mobilen Situationen unterstützt. Durch funktionale und evolutionäre Konsistenz ist es möglich den kognitiven Aufwand des Nutzers bei der Bedienung der Anwendung zu verringern. Zusätzlich unterstützt „Consistency" die Memorability einer Anwendung, d.h. es wird dem Anwender der Wiedereinstieg in die Bedienung einer Applikation nach langer Nichtnutzung erleichtert [Nie03]. Bei mobilen Anwendungen ist dies für den User von Vorteil. Somit wird ein erneutes und aufwändiges Einarbeiten, verbunden mit kognitivem Aufwand, vermieden.

Die Umsetzung der „Consistency"-Anforderung für mobile Applikationen ist für die Interaktion mit dem Anwender sehr von Vorteil, jedoch wäre eine grundlegende Mensch-Maschine-Kommunikation auch ohne diese möglich. Das Konsistenz-Prinzip besitzt daher eine *sekundäre Relevanz* für mobile Anwendungen.

4.4 Guidance

Die „Guidance"-Anforderung für die Usability von Applikationen bezieht sich auf begleitende Hilfestellungen für den Anwender während der Interaktion. Dem Benutzer ist es auf diese Art möglich, die einzelne Handhabung von Funktionen und ablaufenden Prozessen besser zu verstehen. Die Hinweise der „Guidance" sollten dabei informativ, relevant und für den Benutzer verständlich sein [FVG03]. Zwar wird die Unterstützung, wie bereits erwähnt, vorrangig durch das System selbst vorgenommen, es besteht jedoch zusätzlich die Möglichkeit durch ein Benutzerhandbuch ergänzende Angaben zu bestimmten Eigenheiten der Applikation anzubieten [FVG03]. Das Prinzip von „Guidance" wirkt zudem unterstützend beim „Error Management". Durch das Angebot von nützlichen Hinweisen zu kritischen, fehlerprovozierenden Funktionen, wirkt das Bereitstellen von „Guidance" präventiv gegen die Fehlerverursachung durch den Nutzer.

Das Hauptziel des „Guidance"-Einsatzes ist die Verbesserung der *Erlernbarkeit* einer Applikation. Bei einer guten Umsetzung von „Guidance"-Elementen zur Benutzerunterstützung, wird dem Nutzer sofort klar, wo genau im Programmablauf er sich befindet und welche Schritte als nächstes zu tun sind [FVG03]. Außerdem wird durch „Guidance" die Realisierung des Usability-Attributs *Effektivität* gefördert. Aufgrund der Führung des Users durch den Verlauf der Anwendung ist die Wahrscheinlichkeit, dass er Fehler begeht oder Details während der Aufgabenbewältigung auslässt, deutlich geringer [FVG03].

Die Nutzerkriterien *Navigation* und *Kurze Wege* für mobile Situationen werden durch den Einsatz von „Guidance" sowohl positiv als auch negativ beeinflusst. Der entscheidende Faktor ist das Vor- und Fachwissen des jeweiligen Benutzers. Ein mobiler User mit geringerem Vorwissen und Kenntnisstand bezüglich der Bedienung der jeweiligen Software würde von dem Einsatz einer „Guidance"-Funktion profitieren. Das Angebot von nützlichen Hinweisen erleichtert die *Navigation* und bewahrt den Nutzer zudem vor unnötigen Fehlern. Gerade ein in Bewegung befindlicher Anwender kann schneller, einfacher und ohne Fehler zum gewünschten Ziel gelangen, da ihm durch die „Guidance"-Funktion kognitiver Aufwand abgenommen wird. Darüber hinaus kann die Nutzung von „Guidance" speziell für Novizen einen enormen Zeitgewinn und Lerneffekt bedeuten. Besonders in mobilen Situationen hat der User oft nicht die Zeit und „Muße" sich in die Vorgehensweise bestimmter Anwendungen oder Funktionen (erneut) einzuarbeiten.

Die Kehrseite und Gefahr des Einsatzes von „Guidance" besteht darin, dass ein erfahrener Nutzer in seiner Arbeit eher behindert wird als dass er Nutzen daraus schöpft. Gerade bei mobilen Situationen wäre dies für Experten von großem Nachteil. Einem Anwender, der mit der Applikation bestens vertraut ist, ist es möglich *kurze Wege* und Abkürzungen zur Zielerreichung zu nutzen. Dieser würde bspw. durch die Vorgabe eines „roten Fadens" bzw. durch die Führung durch Wizards nur behindert oder gar verwirrt werden. Aufgrund des Zeitmangels in bewegten Situationen hätte dies eine sehr negative Auswirkung auf die *Effizienz* der Anwendung, speziell auf das Nutzungskriterium *Kurze Wege*.

Abschließend ist festzuhalten, dass es in mobilen Situationen zwar sinnvoll wäre „Guidance" durch die Applikation selbst anzubieten bzw. zu empfehlen, jedoch sollte dies nur optional bereitgestellt werden. Auf diese Weise kann der Benutzer (je nach Kenntnisstand) individuell über die letztendliche Verwendung von „Guidance"-Funktionen entscheiden. Eine grundlegende Interaktion mit einer mobilen Anwendung ist demnach ebenso ohne den Einsatz von „Guidance" möglich. Daraus ergibt sich für die Implementierung von „Guidance" bei mobiler Software nur eine *tertiäre Relevanz*.

4.5 Minimize Cognitive Load

Wie bereits in Abschnitt 3.2 erwähnt wurde, kann es bei einer kognitiven Überlastung des Anwenders zu Problemen bei der Nutzung von mobilen Anwendungen kommen. Der Entwickler sollte daher bei der Gestaltung einer Benutzerschnittstelle die kognitiven Grenzen des Users immer in Betracht ziehen. Wenn zu viele Informationen in Form von Bildern, Text oder auch Tönen zugleich oder in einem zu kurzen Zeitraum präsentiert werden, ist ein kognitiver Overload sehr wahrscheinlich. Ein zu hoher kognitiver Aufwand wirkt sich negativ auf die effektive und effiziente Arbeit mit der Software aus. Es sollte demnach das Ziel des Entwicklers sein, die kognitive Belastung für den Nutzer so gering wie möglich zu halten. Miller gibt diesbezüglich an, dass das gleichzeitige Präsentieren von mehr als sieben Informationen (Stichpunkten) nicht ratsam ist [Mil56 zitiert in HH03].

Das Minimieren der kognitiven Belastung nimmt Einfluss auf drei der genannten Usability-Attribute: *Effektivität, Erlernbarkeit* und *Effizienz*. Das Kriterium der *Effektivität* wird unterstützt, indem dem Nutzer nur Objekte oder Funktionen in begrenzter Anzahl präsentiert werden. Auf diese Weise kann verhindert werden, dass der User nicht unnötig abgelenkt oder verwirrt wird, was speziell in mobilen Situationen für den Nutzer von Nachteil wäre. Er kann sich demzufolge voll auf das für die Aufgabenbewältigung Wesentliche konzentrieren. Zudem werden weniger Fehler durch den User selbst verursacht und so die *Effektivität* der Software erhöht [FVG03]. Die *Erlernbarkeit* einer Anwendung wird durch die Verringerung der kognitiven Belastung ebenfalls gefördert. Aus der Kognitionspsychologie ist bekannt, dass eine geringere Belastung des kognitiven Arbeitsgedächtnisses positiven Einfluss auf das Erlernen von neuen Sachverhalten hat [FVG03]. Besonders die Cognitive Load Theory von Sweller et al. [May05] postuliert diese Annahmen. Sie besagt, dass eine sinnvolle Kombination von visuellen und auditiven Informationen die kognitive Belastung von lernenden Personen verringern kann. Überlastung kognitiver Fähigkeiten führt gerade in mobilen Kontexten zur Fehlerverursachung oder Zeitverlust auf dem Weg zur Zielerreichung. Durch „Minimize Cognitive Load" kann unnötige Ablenkung vermieden und die *Effizienz* einer Anwendung erhöht werden. Aus ebendiesem Grund wirken derartige Methoden ebenso unterstützend bei der Gestaltung einer unkomplizierten und verständlichen *Navigation*.

Der Einsatz und der generelle Nutzen solcher Methoden ist jedoch in Hinblick auf das Usability-Attribut *Effizienz* kritisch zu betrachten. Hier besteht eine Abhängigkeit vom Vorwissen des Anwenders. Oft hat der mobile Anwender wenig Zeit für eine konzentrierte Auswahl von wichtigen Elementen oder Funktionen in einer Anwendung. Wenn diese ungeordnet und zusätzlich mit irrelevanten Informationen präsentiert werden, steigen die kognitiven Anforderungen an den Nutzer stark an. Mobile Nutzer mit geringem Vorwissen würden davon profitieren, wenn nur oft verwendete Funktionen in der Menüführung der Anwendung sichtbar werden und wenig genutzte Funktionen verborgen bleiben. Das Anbieten von *kurzen Wegen* hilft ihnen die gewünschte Funktion schneller zu finden und ihr Ziel effizienter zu erreichen. Für mobile Nutzer im Sinne von Experten könnte vor allem das Zurückhalten von Informationen (z.b. durch „Auto-Hide-Menue") und der Verzicht von komplexen Darstellungen von Nachteil sein [FVG03]. Für sie wäre dies nur ein zusätzlicher Aufwand an Zeit und Arbeit.

Die Verringerung des kognitiven Aufwands ist zwar in gewissem Maße für jede Art von Nutzer von Vorteil, jedoch besteht keine Notwendigkeit zur Implementation, um eine grundlegende Interaktion mit der mobilen Anwendung zu garantieren. Die Relevanz von „Minimize Cognitive Load" für mobile Software ist demzufolge als *sekundär* einzustufen.

4.6 Explicit User Control

Die Usability-Anforderung „Explicit User Control" beinhaltet die Forderung nach Unterstützung von direkten Eingriffs- bzw. Bedienungsmöglichkeiten durch den User selbst. Der User sollte während der Nutzung der Anwendung den Eindruck bekommen, dass er das System bzw. den Ablauf des Systems mit seiner Interaktion direkt kontrolliert und steuert. Er sollte bspw. in der Lage sein, gewisse Vorgänge (Download, Kopieren von Daten etc.) durch einen Abbruch-Button beenden zu können [FVG03].

Das hauptsächliche Ziel bei der Realisierung von „Explicit User Control" ist eine Erhöhung der *Nutzerzufriedenheit* [FVG03]. Wenn die Abläufe bei der Arbeit mit der Anwendung entsprechend dem Willen des Nutzers verlaufen, er also selbst bestimmend und selbst gesteuert vorgehen kann, steigert dies die Zufriedenstellung des Anwenders und die Sympathie gegenüber der Anwendung. Dies wirkt sich indirekt positiv auf die *Effizienz* und *Effektivität* der Applikation aus [FVG03]. Durch höhere Zufriedenheit wird ebenso die Motivation für die Arbeit mit der Software gesteigert. „Explicit User Control" hat jedoch auch direkten Einfluss auf die *Effizienz* und *Effektivität* einer Anwendung. Besonders Experten können durch die Selbststeuerung und konkrete Einflussnahme auf den Verlauf eines Prozesses Zeit- und Arbeitsaufwand verringern.

In mobilen Kontexten ist es für den Nutzer sehr wichtig, stets die Kontrolle über das Vorgehen und den Ablauf der Applikation zu besitzen. Nur so kann eine zufrieden stellende *Navigation* entsprechend den Wünschen des Users erreicht werden. Besonders der direkte Eingriff in den Ablauf von (ungewollten) Prozessen ist für mobile Anwender von Vorteil. Aufgrund des ständigen Wechsels von Umwelteinflüssen und der hohen Dynamik von Anforderungen an den Nutzer ist es für diesen bedeutsam seine Arbeit zeiteffizient erledigen zu können. „Explicit User Control" hilft dem User dabei. Ein Nachteil des Gewährens von Interventionen ist ein erhöhtes Risiko der Fehlerverursachung durch den Nutzer selbst. In Folge der zahlreichen externen Einflüsse und die damit verbundene Aufmerksamkeitsverteilung des Nutzers, wird der User bei der Bedienung von mobilen Applikationen eher dazu verleitet Fehler zu begehen. Jedoch kann man dieser Gefahr durch präventives „Error Management" ausreichend entgegen wirken.

Für den mobilen User ist es, wie bereits erwähnt, absolut notwendig die Vorgänge einer mobilen Anwendung selbst beeinflussen zu können. Die Relevanz von „Explicit User Control" ist also als *primär* anzusehen.

4.7 Natural Mapping

Die Forderung nach einer Unterstützung des „Natural Mapping"-Prozesses ist eng mit der Konsistenz-Anforderung aus 4.3 verbunden. Danach soll bei der Gestaltung des User Interfaces stark darauf geachtet werden, dass zwischen der Handlungsabsicht des Nutzers und den jeweiligen Mitteln zur Erreichung seines Handlungsziels eine klare und eindeutige Beziehung besteht. Dazu kann man sich folgender Methoden bedienen: *Erwartungskonformität*, *semiotische Signifikanz* und erleichterte bzw. *bequeme Bedienung* [FVG03].

Unter *Erwartungskonformität* ist zu verstehen, dass das Verhalten der Anwendung (Ablauf, Reaktion und Auswirkung einzelner Funktionen) für den Benutzer vorhersehbar ist und der Anwender demnach die Auswirkungen seiner Interaktionen abschätzen kann [FVG03]. Zudem sollte im System eine *semiotische Signifikanz* herrschen. Hinter diesem Begriff verbirgt sich lediglich, dass bildliche Darstellungen auch signifikant für den damit übertragenden Inhalt sein sollen [FVG03]. Zum Beispiel kann die Darstellung eines Papierkorbes oder Einkaufwagens als Icon für den Befehl zum Löschen von Daten bzw. zum Kauf von Waren verwandt werden. Eine *bequeme Bedienung* zeichnet sich dadurch aus, dass es dem Benutzer klar und einfach erscheint, wie das System zu bedienen und zu navigieren ist [FVG03].

Wie schon die Minimierung der kognitiven Belastung hat auch das „Natural Mapping" Einfluss auf die Usability-Attribute *Effizienz*, *Effektivität* und *Erlernbarkeit*. Die *Effizienz* und *Effektivität* werden bei der Umsetzung von Maßnahmen zur Unterstützung des „Natural Mapping"-Vorgangs eindeutig dadurch gefördert, dass eine klare Beziehung zwischen dem „Was" und dem „Wie" einer Handlung besteht. Dieser Sachverhalt ist besonders in mobilen Kontexten sehr wichtig, um eine grundsätzliche Bedienung und eine unkomplizierte *Navigation* der Anwendung zu gewährleisten. Durch eine eindeutige und unmissverständliche Darstellung der Inhalte und Funktionen werden zum einen Fehler durch den Anwender verringert (*Effektivität*) und zum anderen höhere *Effizienz* durch Zeitersparnis erzielt [FVG03]. Das Attribut der *Lernförderlichkeit* wird ebenfalls durch die klare Beziehung zwischen dem, was der Nutzer tun möchte und dem, mit welchem Mechanismus er dies umzusetzen kann, gefördert. Er kann so das Neuerlernte mit bekannten Sachverhalten verknüpfen [FVG03]. Auf diese Weise ergeben sich für den Anwender logische Zusammenhänge und Verknüpfungen, welche ihm das Erlernen des Umgangs mit einer neuen Anwendung erleichtern.

Da mobile Geräte nur über kleine Displays verfügen, herrscht für die Darstellung von Funktionen und Abbildungen eine starke räumliche Begrenztheit. Aufgrund dieses Platzmangels werden Funktionen in mobilen Applikationen oft nur durch Icons symbolisiert. Bei der Entwicklung und Gestaltung von mobilen Anwendungen sollte daher besonders die *semiotische Signifikanz* starke Beachtung finden. Durch Methoden zur Gestaltung einer *bequemen Bedienung* wird ebenso das Nutzerkriterium der *kurzen Wege* unterstützt. Als Beispiel kann man hier das farbige Kennzeichnen von Links oder das Einfügen von „Go to the Top"-Links zum Vermeiden von lästigem Scrollen anführen.

Wie schon angedeutet, ist eine grundlegende Interaktion und *Navigation* einer mobilen Anwendung nur durch eine Umsetzung von „Natural Mapping" möglich. Die Relevanz von „Natural Mapping" besitzt daher eine *primäre* Priorität.

Christoph Korzenek

4.8 Accessibility

Applikationen sollten in jeder erforderlichen Art und Weise und in jeder beliebigen Situation für den Anwender erreichbar und zugänglich sein. Dieser Sachverhalt kann unter folgenden Gesichtspunkten betrachtet und beurteilt werden:

Multi-Channeling: Die Forderung nach Mehrkanalfähigkeit beinhaltet, dass jedes System den Zugang mittels verschiedener Medien (Kommunikationskanälen) anbieten und gewährleisten sollte [FVG03].

Internationalization: Eine Software sollte eine Internationalisierung der Benutzeroberfläche und des gesamten Systems unterstützen. Darunter versteht man eine Individualisierung der Software bezüglich einer Region oder Landes. Sachverhalte wie bspw. Sprache, Darstellung des Datums oder die Währung sollten dabei berücksichtigt werden [FVG03].

Behindertengerechtheit: Auch die Unterstützung der Nutzung durch Menschen mit Behinderung sollte in Bezug auf die Zugänglichkeit einer Anwendung Beachtung finden [FVG03]. Die Frage hier lautet: Ist es Menschen mit Behinderung (z.B. gehörlosen oder sehbehinderten) möglich durch das Treffen gewisser Vorkehrungen die Software zu bedienen?

Die Umsetzung des *Zufriedenheits-* und *Erlernbarkeit*sattributs steht im Zusammenhang mit „Accessibility" im Vordergrund [FVG03]. Besonders die Individualisierungsmöglichkeiten in Form von Multi-Channeling und Internationalization kann die Benutzerzufriedenheit stark erhöhen. Auf diese Weise kann ein ständiger und problemloser Zugang zur Applikation gewährleistet werden. Besonders die Möglichkeiten zur Internationalisierung und zur behindertengerechten Gestaltung einer Anwendung können zu einer Erhöhung der *Erlernbarkeit* einer (mobilen) Software beitragen. Aufgrund der Beachtung der Ansprüche und Eigenschaften des Nutzers ist es für diesen einfacher die *Navigation* einer (mobilen) Anwendung zu erlernen. Anpassungen für Menschen mit Behinderungen sind für mobile Geräte und Anwendungen jedoch noch nicht genügend entwickelt und daher bis dato leider wenig umgesetzt.

Die allgemeine Usability-Anforderung „Accessibility" unterstützt die Nutzeranforderung nach *Robustheit* im Sinne der Konnektivität zu Diensten und Netzwerken. Durch die Gewährleistung von Multi-Channeling kann der User uneingeschränkt mit der mobilen Anwendung arbeiten. Auf diese Weise wird sichergestellt, dass er unabhängig vom benutzten Gerät, vom momentanen Standort und vom verwendeten Kommunikationskanal problemfrei auf die Anwendung zugreifen und diese korrekt ausführen kann. „Accessibility" unterstützt somit die Mobilität von Geräten (siehe 2.4), Applikationen und Nutzern in bedeutsamer Weise. Die *Navigation* von mobilen Anwendungen wird ebenso positiv beeinflusst. Die Individualisierungsmöglichkeiten (Internationalization und Behindertengerechtheit) im Rahmen der Umsetzung von „Accessibility" können die Arbeit und Interaktion mit dem User Interface merklich begünstigen. Besonders die Möglichkeit zu spezifischen Anpassungsmaßnahmen für Menschen mit Behinderung kann bei der Schaffung *kurzer Wege* hilfreich sein.

Die Relevanz von „Accessibility" für mobile Anwendungen ist in die *primäre* Kategorie einzuordnen. Durch die Umsetzung dieser Anforderung werden mögliche

Probleme (z.B. Fehlinterpretation von Code oder nicht ausreichende Eingabemöglichkeiten) reduziert bzw. umgangen und so eine reibungslose und grundlegende Interaktion mit der mobilen Applikation gewährleistet. Des Weiteren bietet die Realisierung von „Accessibility" eine Reihe von Vorteilen für den mobilen Anwender.

4.9 Adaptability

Wenn Nutzer sich in Ihren Fähigkeiten bezüglich der Anwendung weiterentwickeln oder ihre Anforderungen sich aufgrund von veränderten Kontexten ändern, sollte eine Applikationen dazu in der Lage sein auf diese Veränderungen einzugehen. Die Fähigkeit zu einer solchen Anpassung nennt man „Adaptability" [FVG03]. Dabei sollte das Programm den wachsenden Erfahrungsstand des Nutzers berücksichtigen und sich dessen verbesserten Fertigkeiten anpassen. Gleichzeitig ist es von Vorteil, wenn die Software über eine so genannte „system memorability" verfügt [FVG03]. Das System „erinnert" sich an die vom Nutzer vorgenommenen Aktionen (z.B. Eingaben) der vorangegangenen Interaktionen und bietet diese bei wiederholter Nutzung (als Auswahlmöglichkeit) an. Außerdem ist eine individualisierte Anpassung (Customization) an die Bedürfnisse, Wünsche und Eigenschaften des Anwenders (im Sinne des Kunden) wichtig [FVG03].

Das Ziel der „Adaptability"-Anforderung ist es die *Zufriedenheit* und *Effizienz* während der Arbeit mit der Software zu steigern. Auf Grund der individuellen Anpassung an die Fähigkeiten und Bedürfnisse des Users erhöht sich die *Benutzerzufriedenheit* durch das speziell auf ihn eingestellte System. Im gleichen Moment wird dadurch ebenfalls die *Effizienz* gesteigert, da auf die Präferenzen des Anwenders eingegangen wird und somit eine effizientere (weniger zeitintensive) Arbeitsweise möglich ist [FVG03].

Die Realisierung von „Adaptability" bei der Gestaltung von mobilen Anwendungen ist eine bedeutungsvolle Methode zur Erzeugung von *kurzen Wegen*. Der User kann in mobilen Situationen Zeit und kognitiven Aufwand einsparen, indem die Applikation ihm häufig genutzte Wege (Funktionen) oder Daten während der Interaktion automatisch (zur Auswahl) anbietet. Weiterhin ergeben sich mit der Möglichkeit der Personalisierung (Customization) Optionen, persönliche Voreinstellungen für eine Anwendung einzurichten. So können z.B. lästige Passwort-Abfragen umgangen oder Einstellungen bezüglich individueller Präferenzen vorgenommen werden. Gleichzeitig ist eine Verbesserung der *Reaktionszeit* möglich. Durch die Anpassung an das Nutzerverhalten und die „system memorability" können Funktionen oder Daten einfacher abgerufen werden und stehen dadurch dem Nutzer schneller zur Verfügung.

Die allgemeine Usability-Anforderung „Adaptability" bietet für alle Arten von Nutzern Vorteile im Sinne der erleichterten Bedienung und Zeitersparnis. Da jedoch keine Notwendigkeit für eine grundlegende mobile Interaktion besteht, besitzt „Adaptability" eine *sekundäre* Relevanz für mobile Anwendungen.

5 Fazit

Ziel dieser Seminararbeit war es, die aus Nutzersicht wichtigen Usability-Anforderungen an die Software mobiler Anwendungen zu identifizieren. Hierzu wurden die aus den Nutzungsproblemen abgeleiteten Benutzerkriterien *Navigation*, *Robustheit*, *Reaktionszeit* und *Kurze Wege* als Ausgangspunkt verwandt. Nach Untersuchung der einzelnen allgemeinen Usability-Anforderungen bzgl. der Umsetzung von Usability-Attributen und ihrer Relevanz für mobile Anwendungen konnten diese in vorher definierte Relevanzkategorien (*primär, sekundär* und *tertiär*) eingeordnet werden. Als Ergebnis davon ist festzuhalten, dass fünf der neun allgemeinen Usability-Anforderungen eine hohe (*primäre*) Relevanz für die Software-Architektur von mobilen Anwendungen haben (Abbildung 3). Diese notwendigen Usability-Anforderungen für eine grundlegende Interaktion mit mobilen Anwendungen sind „Providing Feedback/Response Time", „Error Management", „Explicit User Control", „Natural Mapping" und „Accessibility". Bei der Entwicklung von mobilen Applikationen sollten demnach diese Usability-Anforderungen mit höchster Priorität umgesetzt werden. Nur so kann in mobilen Situationen für ein Grundmaß an Usability gesorgt werden.

Usability – Anforderungen	Relevanz für mobile Anwendungen
Feedback / Response Time	primär
Error Management	primär
Consistency	sekundär
Guidance	tertiär
Minimize Cognitive Load	sekundär
Explicit User Control	primär
Natural Mapping	primär
Accessibility	primär
Adaptability	sekundär

Abbildung 3: Relevanz von Usability-Anforderungen für mobile Anwendungen

Des Weiteren sind die Anforderungen nach „Consistency", „Minimize Cognitive Load" und „Adaptability" ebenfalls sehr relevant (*sekundär*) für die Usability von mobilen Anwendungen. Sie sind zwar nicht grundlegend notwendig, steigern jedoch die Usability einer mobilen Applikation in hohem Maße und sollten bei der Entwicklung unbedingt Beachtung finden. Die Usability-Anforderung „Guidance" wurde nach den vorgenommenen Betrachtungen in die *tertiäre* Kategorie eingeordnet, da sie nur für einen zu begrenzten Nutzerkreis von hohem Vorteil ist und eher optional bereitgestellt werden sollte.

Abschließend ist festzuhalten, dass im Zusammenhang mit der Entwicklung von mobilen Anwendungen, die Realisierung von Usability eine essentielle Rolle spielt. Um Usability weiter zu erhöhen und somit eine gesteigerte Kundenzufriedenheit der Endnutzer zu erreichen, ist die Umsetzung der *primär* und *sekundär* relevanten Usability-Anforderungen notwendig. Für präzisere Aussagen, z.B. bzgl. der Rangfolge der einzelnen Wichtigkeiten, sind jedoch weiterführende Untersuchungen erforderlich. Vorraussetzung dafür ist eine detaillierte Identifizierung von mobilen Nutzeranforderungen, wozu eine empirische Evaluation bzw. Durchführung einer Umfrage sehr dienlich und denkbar wäre.

6 Literatur

6.1 Bücher / Journals / Paper

[BG05]   Book, Matthias; Gruhn, Volker: *Der Einfluss verschiedener Mobilitäts-grade auf die Architektur von Informationssystemen.* 5. Konferenz Mobile Commerce Technologien und Anwendungen (MCTA2005), 2005.

[Dah06]   Dahm, Markus: *Grundlagen der Mensch-Computer-Interaktion.* 1. Auflage. München: Pearson Studium, 2006.

[DIN98]   DIN EN ISO 9241-11:1998: *Ergonomische Anforderungen für Bürotätigkeiten mit Bildschirmgeräten. Teil 11: Anforderungen an die Gebrauchstauglichkeit.*

[FVG03]   Folmer, Elke; van Gurp, Jilles; Bosch, Jan: *A Framework for capturing the Relationship between Usability and Software Architecture.* Software Process: Improvement and Practice, Volume 8, 2003

[GM03]   Gorlenko, L; Merrick, R.: *No wires attached: Usability challenges in the connected mobile world.* IBM Systems Journal, Vol. 42, No. 4, 2003.

[HH03]   Hassanein, Khaled; Head, Milena: *Exploring Mobile Interfaces within the Context of a Theoretical Model,* CAiSE Workshop, 2003

[HV03]   Heinsen, Sven; Vogt, Petra (Hrg.): *Usability praktisch umsetzen. Handbuch für Software, Web, Mobile Devices und anderes interaktive Produkte.* 1. Auflage. München: Carl Hanser Verlag, 2003.

[May05]   Mayer, Richard: *The Cambridge Handbook of Multimedia Learning.* Cambridge University Press, 2005.

[Mil56]   Miller, G.A.: *The magical number seven, plus or minus two: some limits of our capacity for information processing.* Psychological Review, 63, 1956.

[MH04]   Müller, M.; Herbig, B.: *Methoden zur Erhebung und Abbildung impliziten Wissens. Ergebnisse einer Literaturrecherche.* (Bericht Nr.74 aus dem Lehrstuhl für Psychologie). München: Technische Universität, Lehrstuhl für Psychologie. 2004.

[MW02]   Müller-Wilken, Stefan: *Mobile Geräte in verteilten Anwendungsumgebungen.* Hamburg, 2002.

[Nie94]   Nielsen, Jakob: *Usability Engineering.* B & T Verlag, 1994.

[Oul05]   Oulasvirta, Antti: *The Fragmentation of Attention in Mobile Interaction, and What to Do with It.* Interactions 12 (6). 2005.

[RG05]   Ryan, Caspa; Gonsalves, Atish: *The Effect of Context and Application Type on Mobile Usability: An Empirical Study.* 2005.

[Tur06]   Turjalei, Mirwais: *Integration von Context-Awareness in eine Middleware für mobile Systeme.* Hamburg, 2006.

[Wri06]   Wriggers, Stefan: *Markterfolg im Mobile Commerce. Faktoren der A-daption und Akzeptanz von M-Commerce-Diensten.* Deutscher Universitätsverlag, Wiesbaden, 2006.

6.2   Websites

[Hau05]   Hauschildt, Maike: *Mobile Interaktion und Aufmerksamkeit.* URL: http://www.fit-fuer-usability.de/news/wissenschaft/dezember05/aufmerksamkeit.html (Letzter Aufruf: 29.01.2007). Dezember 2005.

[Med06]   Medienboard Berlin-Brandenburg GmbH. *Die Konvergenz von Entertainment und Mobilfunk bietet Wachstumspotentiale.* URL: http://www.medienwoche.de/WebObjects/Medienboard.woa/wa/CMSshow/1077395 (Letzter Aufruf: 25.01.2007). Juli 2006.

[Nie03]   Nielson, Jakob: *Usability 101: Introduction to Usability.* URL: http://www.useit.com/alertbox/20030825.html (Letzter Aufruf: 25.01.2007). August 2003.

[UF1]   Usability Forum: *Was ist Usability?* URL: http://www.usability-forum.com/bereiche/einleitung/usability.shtml (Letzter Aufruf: 25.01.2007)

[UF2]   Usability Forum: *Was bringt Usability?* URL: http://www.usability-forum.com/bereiche/kosten.shtml (Letzter Aufruf: 29.01.2007)

[VD05]   VDE Verband der Elektrotechnik Elektronik Informationstechnik e.V.: *Der Mobilfunkmarkt Deutschland. ITK-Standort Deutschland/PIMRC 2005.* URL: http://www.vde.com/Allgemein/Informationen/Presse/2005-Oeffentlich/2005-55.htm (Letzter Aufruf: 25.01.2007). 2005.

Lightning Source UK Ltd.
Milton Keynes UK
UKHW010840030619
343780UK00002B/610/P

9 783640 466443